Billy Kitwa

Vous êtes des dieux

Billy Kitwa

Vous êtes des dieux

Quand la découverte de l'identité dévoile la destinée

Éditions Croix du Salut

Impressum / Mentions légales

Bibliografische Information der Deutschen Nationalbibliothek: Die Deutsche Nationalbibliothek verzeichnet diese Publikation in der Deutschen Nationalbibliografie; detaillierte bibliografische Daten sind im Internet über http://dnb.d-nb.de abrufbar.

Alle in diesem Buch genannten Marken und Produktnamen unterliegen warenzeichen-, marken- oder patentrechtlichem Schutz bzw. sind Warenzeichen oder eingetragene Warenzeichen der jeweiligen Inhaber. Die Wiedergabe von Marken, Produktnamen, Gebrauchsnamen, Handelsnamen, Warenbezeichnungen u.s.w. in diesem Werk berechtigt auch ohne besondere Kennzeichnung nicht zu der Annahme, dass solche Namen im Sinne der Warenzeichen- und Markenschutzgesetzgebung als frei zu betrachten wären und daher von jedermann benutzt werden dürften.

Information bibliographique publiée par la Deutsche Nationalbibliothek: La Deutsche Nationalbibliothek inscrit cette publication à la Deutsche Nationalbibliografie; des données bibliographiques détaillées sont disponibles sur internet à l'adresse http://dnb.d-nb.de.

Toutes marques et noms de produits mentionnés dans ce livre demeurent sous la protection des marques, des marques déposées et des brevets, et sont des marques ou des marques déposées de leurs détenteurs respectifs. L'utilisation des marques, noms de produits, noms communs, noms commerciaux, descriptions de produits, etc, même sans qu'ils soient mentionnés de façon particulière dans ce livre ne signifie en aucune façon que ces noms peuvent être utilisés sans restriction à l'égard de la législation pour la protection des marques et des marques déposées et pourraient donc être utilisés par quiconque.

Coverbild / Photo de couverture: www.ingimage.com

Verlag / Editeur:
Éditions Croix du Salut
ist ein Imprint der / est une marque déposée de
AV Akademikerverlag GmbH & Co. KG
Heinrich-Böcking-Str. 6-8, 66121 Saarbrücken, Deutschland / Allemagne
Email: info@editions-croix.com

Herstellung: siehe letzte Seite /
Impression: voir la dernière page
ISBN: 978-3-8416-9875-9

Copyright / Droit d'auteur © 2013 AV Akademikerverlag GmbH & Co. KG
Alle Rechte vorbehalten. / Tous droits réservés. Saarbrücken 2013

Vous êtes des dieux

Billy Kitwa

Préface

Ce petit livre constitue un effort de compréhension de l'essence de notre identité. Il est composé sous forme de dialogue entre Pistos et Dzètôn. Le premier représente une personne qui a été saisie par Celui qui se nomme **Je suis**. L'Éternel l'a, pour ainsi dire, éclairé sur l'essentiel de l'enseignement des Écrits sacrés. Partant de là, il est arrivé à un point où la lumière qu'il a reçue de son union avec l'Esprit de vérité ne pouvait plus être cachée. Il a donc pris la résolution d'en parler avec son ami Dzètôn, qui poursuivait encore, d'une manière très sincère, sa quête spirituelle.

À la fin de leurs échanges, Pistos a invité Dzètôn à faire un pari réfléchi par rapport à la révélation de l'Homme-Dieu qui s'est présenté comme la seule voie qui puisse combler l'aspiration profonde de tout être humain et qui illumine toute identité.

Ainsi, en m'adressant à vous, au travers de la lecture de ce petit livre, je vous assure que si vous découvrez la vérité, la source de votre identité, vous serez affranchis pour toute l'éternité.

Billy Kitwa

Début de propos

Échanges entre Pistos et Dzètôn

Pistos

Bien cher Dzètôn, j'aimerais partager avec vous une découverte que j'ai faite il y a de cela plusieurs dizaine d'années. Depuis tout ce temps, son contenu bouillonnait en moi sous forme de réflexion aboutie et d'illumination réfléchie. Maintenant, je n'arrive plus à la contenir, et je dois vous avouer que j'ai de la peine à lui trouver un chapeau qui passerait inaperçu. Finalement, je me suis résolu à la laisser dans sa formulation originale, à savoir : "Vous êtes des dieux".

Dzètôn

Oh, mon ami Pistos, vous me surprenez par ce sujet. Avant de me l'exposer, pourriez-vous me confier d'où vous avez tiré une telle hardiesse de donner un titre pareil à vos convictions, alors que vous savez très bien que nos échanges ne resteront pas secrets ?

Pistos

Eh bien, cher Dzètôn, l'audace de ce titre provient du fait que je prends au mot le discours direct de l'Homme-Dieu qui est le seul à faire connaître l'Éternel, le seul vrai Dieu, aux hommes. Car j'ai compris que ce Véritable Homme atteste une vérité universelle que vous aimeriez assurément découvrir.

Dzètôn

Une vérité universelle ! De quelle vérité s'agit-il ? Êtes-vous sûr d'en avoir trouvé une? Et si vous vous trompiez vous-même dans votre synthèse ?

Pistos

Vous savez, mon cher ami, je veux vous dévoiler un secret. Dans le monde des humains, il existe des dieux qui ne savent pas qu'ils le sont. De même, on trouve des êtres qui ne sont pas des dieux, mais qui sont convaincus de l'être, ou que les autres êtres considèrent comme tels.

Par ailleurs, beaucoup de gens désirent devenir des dieux, mais ils se méprennent sur comment le devenir. Chose qui peut vous surprendre encore, c'est que presque la totalité des croyants ne se posent même pas la question de savoir s'ils ont la foi, ou s'ils sont tout simplement des athées.

Dzètôn

Quoi ? Ce que vous venez de me confier est troublant. Voulez-vous attester par là que beaucoup de gens vivent dans l'ignorance totale en ce qui concerne leur identité spirituelle ?

Pistos

Cela ne m'étonne pas. Il paraît évident que mes affirmations semblent susciter plus de questions dans vos pensées qu'elles n'apportent des convictions. Mais je voudrais vous rassurer que votre patience ne tardera pas à vous apporter satisfaction. En m'écoutant, ne vous précipitez surtout pas dans une conclusion hâtive sans argumentation.

Prenez d'abord le temps de découvrir l'Homme extraordinaire qui, seul, communique la vraie connaissance de Dieu. Vous comprendrez, ensuite, la notion d'athéisme et son antidote. Vous verrez clairement, dans la suite, ce que le Livre des livres considère comme idolâtrie et ses conséquences. À la fin de nos échanges, vous apprendrez plus sur le projet de l'Éternel Dieu pour vous et vous saurez, sans ambiguïté, quelle est votre destinée finale.

Dzètôn

Le sujet, tel que vous l'annoncez, me semble très vaste. Auriez-vous assez de temps d'approfondir tous ces différents aspects que vous venez d'évoquer et de me les expliquer clairement ?

Pistos

Je vais faire de mon mieux. Je vais être le plus explicite possible tout en vous avouant que ces différents sous-sujets ne vous seront présentés que sous formes succinctes. Et ceci, afin de vous donner le temps d'un approfondissement personnel et d'une réflexion incarnée. Mon souhait est qu'au fur et à mesure que vous m'écoutez, vous vous arrêtiez pour comprendre sans révolte ni mépris. Cela exige de vous un effort soutenu et de la patience. Mais, après avoir entendu les paroles du Fils de l'homme, il faudra vous situer vous-même dans la synthèse finale.

Avant d'entrer dans le vif du sujet, j'aimerais attirer votre attention sur le point suivant: Si vous aimez vraiment la sagesse et que votre démarche est sincère, rappelez-vous que les préjugés sont parmi les pires des prisons de l'être humain. C'est la raison pour laquelle je vous invite à confronter vos convictions aux affirmations de ma découverte qui, je l'espère, ne vous laissera pas sans fruits pour l'éternité.

Chapitre 1

Le contexte du discours indirect

Pistos

Nous sommes à une époque où l'empire romain étend sa domination sur plusieurs peuples, considérant l'empereur César comme dieu. Et quelque part, dans une des villes sous son autorité, on célèbre une fête instituée par la famille Macchabée, en souvenir de la purification du temple qui avait été profané par Antiochus Épiphane en 165 avant Jésus-Christ. Cette fête de huit jours est célébrée aujourd'hui sous le nom de Hanouka, la fête des lumières. Et comme l'enseigne la tradition, les Juifs sont en attente d'Élie, avant l'arrivée du Messie.

Pendant ce temps, l'attention des tous est attirée par un jeune Rabbin, puissant en paroles et en actes. Les gardes envoyées par les autorités religieuses pour L'arrêter disent : "Jamais homme n'a parlé comme cet homme". Certains de ses adversaires Le traitent de fou, d'autres de démoniaque. Mais beaucoup de gens de la foule confessent qu'Il est le prophète. D'autres affirment qu'Il est le Messie. La confusion est à son comble. Le monde religieux est bouleversé et divisé.

C'est l'hiver. Jésus se promène sur une allée couverte qui longe l'enceinte orientale de la cour du Temple de Jérusalem, la partie appelée "le portique de Salomon". Là, les Juifs les plus audacieux entourent le Galiléen, sans savoir qu'Il est né à Ephrata, une petite ville de Judée. Comme fatigués de ne pas découvrir l'énigme, ils Lui disent : "Jusques à quand tiendras-tu notre âme en suspens ? Si toi, tu es le Christ – c'est-à-dire le Messie attendu –, dis-le nous ouvertement".

La réponse du jeune Rabbin va dépasser le cadre de leur attente. Il commence d'abord par leur reprocher leur incrédulité ; car ce n'est pas la première fois qu'Il parle de Lui-même et de sa raison d'être dans le monde. Ensuite, Il fait appel à ses oeuvres comme la confirmation de ses paroles. Et en ajoutant que ces oeuvres sont accomplies au nom de son Père céleste, Il dévoile ouvertement sa filiation divine. Et comme si cela n'était pas suffisant, Il termine sa réponse en disant : "Moi et le Père, nous sommes un".

Les deux dernières déclarations, à savoir que Jésus est non seulement le Fils de Dieu, mais qu'Il est Un avec Dieu le Père, conduisent les Religieux à rejeter toutes les oeuvres bonnes de Jésus et à condamner ce jeune Rabbin pour blasphème. Et selon leur Loi, Il mérite d'être mis à mort à coups de pierres ; car, disent-ils à Jésus : "toi, qui es un homme, tu te fais Dieu".

En effet, pour tous ceux qui connaissent la Torah, la déclaration de Jésus selon laquelle Il est Un avec le Père touche le cœur même de la foi juive, le "shema Israël". Car dans Deutéronome 6.4, il est écrit : "Écoute Israël, le Seigneur est notre Dieu, le Seigneur est un". Avec cette explication vous comprenez pourquoi Jésus est accusé de blasphème.

Pour se défendre contre cette accusation, Jésus réplique en faisant recourt à la même Loi qui rapporte les paroles de l'Éternel dans le Psaume 82.6, où il est écrit, c'est l'Éternel Dieu qui parle : "J'ai dit : Vous êtes des dieux".

Notons que ces paroles ont été adressées à certains hommes qui avaient des responsabilités sociales et juridiques par rapport au reste du peuple. Il s'avère même que ces hommes appelés dieux par Dieu n'étaient pas tout à fait fidèles à leurs obligations. Et pourtant ils sont même tous appelés "des fils du Très-Haut".

Après avoir cité ces paroles de l'Éternel, Jésus argumente donc, avec les chefs religieux, en disant si votre Loi a appelé dieux ceux à qui la parole de Dieu a été adressée – et l'Écriture ne peut être abolie – vous ne devriez pas, à plus forte raison, me refuser cette prérogative moi qui suis sanctifié et envoyé du ciel par le même Dieu, le Père éternel.

En d'autres termes, Jésus dit à ses détracteurs qu'ils ne doivent pas Le condamner pour blasphème quand Il dit : "Je suis le Fils de Dieu", car Il vient de la part de Celui qui déclare dieux ceux à qui sa parole est adressée. Et de ce fait, Il est digne de confiance. Car tout montre qu'Il est en Dieu le Père et que Dieu le Père est en Lui, et tout prouve qu'Il est la Parole même du Père éternel.

Comme vous pouvez le constater, le contexte de la citation de ces paroles du Psaume 82 par Jésus ne conduit pas à conclure que l'argumentation de Jésus avait pour but de dire que des hommes sont des dieux. Jésus veut plutôt démontrer que si Dieu a dit aux hommes "vous êtes des dieux", ces paroles devraient Lui être appliquées sans réserve, Lui, le Fils de Dieu, la Parole de Dieu, Lui qui est Un avec Dieu.

Ainsi, cher Dzètôn, j'aimerais attirer votre attention sur ce qu'Il ajoute au cours de son argumentation. Le Christ-Jésus-Homme dit que *l'Écriture* qui déclare dieux les hommes à qui la parole de Dieu est adressée *ne peut être abolie*. En d'autres termes, Jésus-Christ dit que l'argument qu'Il a employé pour faire réfléchir ses dénigreurs demeure permanent. Il montre par là que l'Écriture ne s'adresse pas seulement aux notables dont il est question dans le Psaume 82. Elle transcende les hommes et les siècles. C'est pourquoi, convaincu de l'immutabilité de la référence et de la cohérence de l'argumentation de Seigneur Jésus, je compte revenir sur cette parole dans la partie qui traite de la destinée finale de l'homme. Mais, avant d'y arriver, prenons le temps de considérer ensemble la question de savoir qui est Dieu.

Dzètôn

Vous faites bien de commencer par cette question qui ne préoccupe pas que moi. Je pense qu'une réponse appropriée à cette grande interrogation soulagerait tous ceux qui sont dans une quête honnête et sincère.

Chapitre 2

Qui est Dieu ?

Pistos

Les réponses à cette question antique et toujours actuelle sont très variées. Parfois, elles naviguent entre les extrêmes. Ceci fait que beaucoup de gens sont complètement désorientés et beaucoup d'autres totalement désintéressés. Et moi, et je ne prétends pas être le seul à avoir cette conviction. J'espère, avec le concours de l'Esprit du Dieu vivant et vrai et de sa Parole, qu'à la fin de nos échanges, vous connaîtrez vraiment qui est le Dieu Véritable. Vous connaîtrez la vérité et cette vérité vous propulsera dans une vraie liberté.

Les réponses d'après les différents concepts

Dzètôn

Au lieu de parler seulement de Dieu qui déclare des hommes des dieux, vous évoquez d'autres concepts, comme la vérité et la liberté. Il s'agit, bien entendu, des préoccupations humaines légitimes et dont l'esprit humain est en quête perpétuelle. Mais quelqu'un peut-il prétendre en définir les contours, avec certitude ?

Pistos

La vérité et la liberté sont indissociables. Le vrai ne peut jamais provenir du mensonge ni la liberté de simples suppositions. Beaucoup de gens promettent la liberté aux autres alors qu'eux-mêmes sont esclaves de ce qui a triomphé d'eux. J'aurais encore beaucoup à vous dire sur ces sujets, mais ce n'est pas mon propos d'aujourd'hui.

Quant à la question de savoir qui est Dieu, beaucoup affirment que Dieu est celui qui est partout et/ou nulle part. Beaucoup d'autres pensent que Dieu est le plus lointain et/ou le plus proche. D'autres encore en parlent en termes d'infiniment grand par rapport à l'infiniment petit. Quelques anciens dans l'Antiquité ont identifié Dieu au cosmos, d'autres tout simplement à la nature.

Chez les Grecs, Dieu était considéré comme la plénitude de la vie, toutes choses étant remplies de Dieu. Pour certains sociologues plus proches de nous, comme Auguste Comte, Dieu ne peut être que l'Humanité à laquelle il faut rendre un culte au travers des hommes qui ont positivement marqué l'histoire. Certains penseurs modernes et post-modernes, à la suite de Protagoras d'Abdère, trouvent Dieu dans l'être-pensant pris dans sa solitude, l'homme étant considéré comme le centre de tout ou comme la mesure de toutes choses.

D'après les classifications de ceux qui sont considérés comme de grands penseurs, Dieu peut être conçu comme un principe d'explication à différents points de vue : D'abord, *au point de vue ontologique*, Dieu serait le "Principe unique et suprême de l'existence et de l'activité universelles". Il serait "l'Être des êtres, la Cause des causes, la Fin des fins".

Ensuite, *au point de vue logique*, Dieu est conçu comme le "Principe suprême de l'ordre dans le monde, de la raison dans l'homme et de la correspondance entre la pensée et les choses".

Et *au point de vue physique*, Dieu serait "l'Être personnel, supérieur à l'humanité, qui donne des ordres et fait des promesses, auquel on adresse des prières et qui les exauce s'il le juge bon. Il est également conçu comme l'allié et le protecteur d'un groupe social, auquel il se manifeste et qui lui rend un culte".

Enfin, *au point de vue moral*, Dieu est défini comme "l'Être personnel tel qu'il soit, par son intelligence et sa volonté, le principe et la garantie de la moralité".[1]

D'autres penseurs ont parlé des preuves ontologique, cosmologique et physico-théologique.

Mais André Comte-Sponville, dont je ne partage pas toutes ses convictions, note que "toutes ces preuves ont en commun de prouver à la fois *trop* et *trop peu* : elles prouvent l'existence de quelque chose de nécessaire, d'absolu, d'éternel, etc, mais point que ce quelque chose soit Dieu, au sens où l'entendent la plupart des religions, c'est-à-dire non seulement un être mais une personne, non seulement une réalité mais un sujet, non seulement *quelque chose* mais *quelqu'un* – non seulement un Principe mais un Père".[2]

Ce que Comte-Sponville tire de ce qui précède est assez instructif. Il écrit que "le Dieu des philosophes importe moins, pour la plupart d'entre nous, que le Dieu des prophètes, des mystiques ou des croyants. Pascal et Kierkegaard, mieux que Descartes ou Leibniz, ont dit l'essentiel : Dieu est l'objet de foi, plus que de pensée, ou plutôt il n'est pas objet du tout mais sujet, absolument sujet, et, ne se donnant que dans la rencontre ou l'amour".[3]

Il convient de noter que, d'une part, à cause de certains concepts et de leurs corollaires, et d'autre part, en réaction contre les comportements de ceux qui affirment connaître Dieu mais qui ne sont pas connus de Lui, beaucoup de grands penseurs ont rejeté Dieu ou plutôt l'idée qu'ils se sont faite de Lui. Ils ont considéré Dieu comme une hypothèse inutile.

---

[1] André LALANDE, *Vocabulaire technique et critique de la philosophie*, Paris: PUF, 13e édition, 1980, pp. 229-233.
[2] André COMTE-SPONVILLE, *Présentations de la philosophie*, Paris: Albin Michel, 2000, pp. 1006-1007
[3] Idem, pp. 107-108.

En revanche, pour les croyants de différentes religions, Dieu devient de plus en plus le lieu de rapprochement, de rencontre et de dialogue. On parle même de "la fraternité en Dieu", en se gardant de définir clairement ce qu'on entend par le terme Dieu, car tout contenu spécifié desservirait les efforts oecuméniques.

Ainsi, cher Dzètôn, la question de savoir qui est Dieu demeure. Mieux encore, et j'espère que vous partagerez mon avis, la meilleure préoccupation devrait être celle de connaître qui est le Dieu qui a dit aux hommes : "Vous êtes des dieux".

La question que nous sommes tous en droit de nous poser est celle de savoir si ce Dieu-là a-t-Il continué à dire aux autres êtres humains : "Vous êtes des dieux", ou a-t-Il cessé depuis ? En d'autres termes, est-il possible, encore aujourd'hui, que le même Dieu s'adresse à nous ?

Préliminaires à la réponse du Livre des livres

Pistos

Jusqu'à présent, je vous ai présenté les différentes réponses de quelques penseurs. Il s'agit là des concepts qui correspondent aux représentations intellectuelles de l'esprit humain, sans autres références.

Dzètôn

Qu'est-ce qui marque la différence entre ces différents concepts et ce que vous essayez de me présenter ?

Pistos

La réponse que je m'évertue à vous donner relève de la rencontre du divin et de l'humain, de l'éternel et du temporel. L'humain a eu le privilège de recevoir ce qui vient du divin par le biais de son esprit. Le façonnement du contenu de ce qu'il a reçu, bien qu'influencé par la personnalité de l'humain ne reste pas moins divin. Pour répondre le plus clairement possible à la question de savoir "Qui est Dieu ?", je vous propose d'examiner comment le Livre des livres, que nous appelons la Bible, Le présente dans l'un des récits que l'on nomme communément l'Évangile selon Jean. Comme je l'ai déjà dit, les synthèses que j'en extrais sont volontairement très sommaires. Elles vous laissent le loisir d'approfondir par vous-même, avec la lumière de l'Esprit à votre esprit, le grand mystère de la divinité, mystère qu'on ne peut percer à force d'arguments, bien que l'intelligence et la raison n'en soient pas exclues.

C'est d'ailleurs la raison pour laquelle, d'ores et déjà, je vous signale que la réponse de la Bible sur la question de savoir qui est Dieu peut vous paraître très simpliste, surtout si vous vous attendez à une démonstration logique, à tout soumettre à votre raison.
Vous le savez vous-même, que votre raison ne peut ni tout concevoir ni tout comprendre. D'ailleurs, tous les hommes intelligents, comme vous, savent que ce que la logique peut trouver cohérent peut parfois s'avérer complètement absurde et faux, comme certains syllogismes.

Dzètôn
Je soupçonne où vous voulez en venir. Voulez-vous emprisonner l'intelligence humaine en proclamant ses limites ou sa finitude ?

Pistos
Certes non ! Ce que je viens d'affirmer n'a pas pour finalité le dénigrement de la raison humaine que je considère comme un cadeau de l'Éternel. Sinon, je serais en contradiction avec le contenu de ce qui a été reçu qui atteste que Dieu veut que les hommes l'aiment de tout leur coeur, de toute leur âme, de toute leur force et de toute leur pensée.

Ainsi, mon objectif n'est pas de faire croire que la foi dans le Dieu véritable écarte toute logique, réprime toute cogitation. Comprenons-nous bien. Mais, dans la citation de Pascal et Kierkegaard, nous avons compris que la raison a ses limites qu'il convient de reconnaître. C'est pourquoi, et que cela soit clair dans votre esprit, j'affirme, à la suite des autres, que la réponse de la Bible relève plutôt de la foi que de la raison, de la révélation que de la conceptualisation.

Je m'empresse d'ajouter que la révélation qui génère la confiance en l'Éternel ne doit pas être considérée comme une donnée ringarde et donc négligeable. Elle est aussi vraie et réelle qu'elle procure une assurance aussi ferme que les axiomes indémontrables. Elle saisit et s'approprie les réalités que la raison ne peut pas expliquer. Car la raison elle-même, et non seulement le coeur, peut avoir des raisons que la raison ne comprend pas. La révélation n'est donc pas à confondre avec le manque de cohésion.

Le résumé de la réponse biblique

Pistos

Je disais donc que d'après les éléments rassemblés principalement dans le récit de ce que nous appelons communément l'Évangile selon Jean, l'Éternel Dieu s'est révélé aux hommes essentiellement par sa Parole. Cette Parole, éternellement liée à Lui et contenant tout en Elle, a été le moyen par lequel Dieu a appelé toutes choses à l'existence. Rien de ce que les humains appellent généralement la nature, et que nous nous appelons la création, rien disais-je, n'a surgi sans la Parole éternelle. Tout était vie en Elle.

Et comme dans son élan d'amour indicible, Dieu a personnifié cette Parole afin qu'Elle plante sa tente parmi les êtres humains, les gens de sa ressemblance dont l'ultime objectif était de rétablir une relation d'amour éternel avec Lui. Le nom de cette Parole est l'Éternel, qui se résume par "Je suis" s'est donné en Jésus. Elle est Emmanuel, parce que c'est Dieu qui fait intrusion parmi les hommes. En résumé, c'est par Lui, Jésus le Christ, que les humains ont accès à la connaissance véritable de l'Éternel. C'est Lui qui donne la clé de la vraie connaissance du Dieu éternel.

Pour dire les choses autrement, *la vraie Théologie* – du *Théos,* Dieu et du *Logos,* Parole ou Connaissance – *doit être la Christologie*. Autrement dit, le vrai Dieu, l'Éternel qui est Esprit, ne peut être connu que par l'intervention de son Esprit qui révèle à l'esprit de l'homme le Christ-Jésus-Homme comme le Fils de Dieu, comme la Parole de Dieu adressée aux hommes pour le salut de tous les hommes qui La reçoivent avec une confiance totale que nous appelons la foi.

Ainsi, l'Éternel Dieu, selon la Bible, s'est révélé en tant que Père éternel agissant principalement par sa Parole. Aussi, d'après la Bible, la connaissance du vrai Dieu ne passe-t-elle que par sa Parole donnée aux hommes, avec l'éclairage de son Esprit Saint. L'univers et la conscience humaine ne suffisent pas.

Dans la Première Épître de Jean, la Bible affirme que le Fils de Dieu est venu pour nous donner l'intelligence afin de connaître Celui qui est le Véritable ; et nous sommes dans le Véritable, en son Fils Jésus-Christ. C'est Lui le Dieu véritable et la vie éternelle.[4] Or, la vie éternelle consiste précisément à connaître ce seul vrai Dieu, et Celui qu'Il a envoyé, Jésus-Christ qui s'appelle Je suis, la Parole éternelle adressée aux hommes que nous sommes.[5]

---

[4] 1Jean 5.20.
[5] Jean 17.3.

Chapitre 3

L'athéisme et son antidote

Dzètôn

J'ai une question amicale à vous poser, cher Pistos, car vous semblez affirmer des choses en les tenant pour acquises. Ma question est la suivante : Votre réponse à la question de savoir qui est Dieu relève-t-elle de la vérité ou d'une vérité parmi tant d'autres ? Car j'ai déjà entendu dire que tout chemin menait à Rome, et que ce qui comptait était plutôt la conviction et la sincérité de chacun. Comment répondriez-vous à des telles allégations ?

Pistos

Votre question est cruciale. Pour y répondre, je vous propose la réflexion que j'ai faite dans mon petit livre intitulé Sagesse Dieu Liberté, qui est une critique de la philosophie existentialiste de Jean-Paul Sartre. Cette réflexion mérite une méditation, et voici comment je l'ai formulée : "Dans votre amour de la sagesse, n'oubliez pas que l'affirmation de la fausseté ne la transforme pas en vérité et que la négation de la vérité n'annule pas la vérité."[6]

Voilà, en résumé, ma réponse, cher Dzètôn. Si donc vous considérez cette réflexion comme étant suffisante pour vous permettre de ne rechercher et de n'admettre que la vérité, et surtout en ce qui concerne la connaissance de Dieu, la réponse définitive, vous ne l'aurez que quand vous aurez terminé vos recherches. Pour l'instant, je vous invite à examiner une des hauteurs qui semble se dresser devant l'Éternel, que l'on nomme habituellement athéisme.

---

[6] Billy KITWA, p.56.

L'athéisme selon différents grands penseurs

Pistos

Je vais reprendre ici, en résumé, pour vous, cher Dzètôn, les différents concepts de la notion de l'athéisme. D'une manière générale, l'athéisme est défini comme une doctrine qui consiste à nier l'existence de Dieu.[7] Cette définition théorique est parfois rejetée par certains de grands penseurs. Ces derniers affirment que ce qui, pour l'un, est affirmation de la divinité, peut être athéisme pour l'autre. C'est pourquoi, ces grands penseurs considèrent que le terme athéisme conviendrait beaucoup mieux aux polémiques religieuses qu'à la discussion philosophique.[8]

Ce point de vue n'est pas partagé par tous les grands penseurs. Selon Louis Boisse[9], le mot athéisme a deux significations. Sur le plan théorique, il définit la doctrine de ceux qui n'éprouvent pas le besoin de remonter la voie de la causalité, et qui sont peu familiers avec les explications régressives. Et sur le plan pratique, l'athéisme peut être défini comme l'attitude de ceux qui vivent comme si Dieu n'existe pas.

André Comte-Sponville, qui se définit lui-même comme athée, distingue deux athéismes différents : celui de ne pas croire en Dieu (athéisme négatif) et celui de croire que Dieu n'existe pas (athéisme positif, voire militant). Cela revient à parler ou de l'absence d'une croyance ou de la croyance dans une absence. Absence de Dieu, ou négation de Dieu.[10]

L'analyse des définitions ci-dessus montre que l'athéisme entre dans trois catégories de concepts, à savoir celle de l'affirmation de l'inexistence de Dieu, celle de la négation de Dieu et celle de l'indifférence par rapport à Dieu. Les deux premières sont presque identiques. Mais, comme je l'ai signalé précédemment en ce qui concerne "la fraternité en Dieu", on se garde de dire clairement ce que l'on entend par

---
[7] André LALANDE, op. cit, p.89.
[8] Idem, p.90
[9] Cité par André LALANDE, op. cit., p.89
[10] André COMTE-SPONVILLE, op. cit., p. 113.

le terme Dieu. C'est pour cette raison qu'il semble plus instructif de considérer ce que la Bible dit sur ce terme.

Dzètôn
Jusque là, je n'ai aucun mal à vous suivre. Mais ce qui m'intéresse le plus, c'est votre compréhension de l'athéisme selon la Bible.

L'athéisme selon la Bible

Pistos
Le meilleur endroit où nous puissions trouver, d'une façon claire, la définition de l'athéisme est caché dans une lettre adressée aux non Juifs qui ont accepté le Christ-Jésus comme la Parole de l'Éternel. Une partie de cette lettre dit ceci : "Souvenez-vous donc ceci : autrefois, vous, païens dans la chair, vous étiez en ce temps-là *sans Christ*, privés du droit de cité en Israël, étrangers aux alliances de la promesse, sans espérance et *sans Dieu* dans le monde. Mais maintenant, *en Christ-Jésus*, vous qui autrefois étiez loin, vous êtes devenus proches *par le sang de Christ*."[11]

Notons que le terme traduit par *sans Dieu* est *athoi*, de *a* privatif et de *théos* (dieu). Ainsi, la traduction la plus littérale et qui correspond au texte original devrait être non pas *sans Dieu* mais *athées*. C'est pourquoi, je propose aussi, en passant, que les dictionnaires bibliques incluent le terme athée dans leurs versions révisées.
Retournons à l'extrait de la lettre que je viens de citer. Là, nous pouvons retrouver les éléments qui entrent dans la définition de l'athéisme selon la Bible. Ces éléments sont les suivants, à savoir : "*sans Christ*", "*sans Dieu*", "*en Christ-Jésus*", et "*par le sang de Christ*".

---
[11] Ephésiens 2.11-13

En résumé, selon la Bible, être *sans Dieu*, c'est-à-dire être *athée*, c'est être *sans Christ*. En d'autres mots, être athée, c'est refuser d'accepter que le Père éternel a manifesté son amour en son Fils Jésus-Christ qui a versé son propre sang pour le pardon des péchés des tous les hommes.

Pour dire les choses autrement, être athée, selon la Bible, c'est refuser de recevoir avec confiance la Parole que l'Éternel a adressée aux hommes comme le seule moyen de Le connaître. Or, sans cette confiance totale, sans la foi, il est impossible d'avoir une connaissance éclairée du Dieu véritable.

L'antidote de l'athéisme

Pistos

Avant de terminer nos échanges sur l'athéisme, j'aimerais vous rappeler la différence qui existe entre la foi et la croyance. Cette dernière est commune à toute l'humanité, parce qu'elle vient des hommes, mais elle ne comprend pas la foi. La foi, elle, comprend la croyance et la dépasse. La foi, cet antidote de l'athéisme, ne vient pas des hommes, c'est le cadeau parfait que les humains reçoivent de l'Éternel Dieu en Christ-Jésus[12]. Elle est essentiellement différente de toute croyance sans le Véritable.

Selon la Bible, la foi vient de ce que les êtres humains entendent la Parole du Christ.[13] Et la Parole du Christ la plus connue de toutes les paroles et la plus centrale de toute sa mission est celle qu'on a appelée la Petite Bible. Je l'ai déjà citée quand nous avons parlé de Dieu le Père qui s'est révélé comme la Parole de la grâce et de la vérité. Cette parole du Christ affirme que "Dieu a tellement aimé les êtres humains qu'Il a donné son Fils unique, afin que quiconque croit en Lui ne soit plus condamné pour ses fautes, mais qu'Il ait la vie éternelle".[14]

---
[12] Ephésiens 2.8-10
[13] Romains 10.17
[14] Jean 3.16

Dzètôn
Je constate que vous avez changé de terrain. Vous n'êtes plus dans le domaine de la réflexion mais dans celui de la prédication. Il ne s'agit plus d'une méditation mais d'une évangélisation. J'ai même l'impression que vous voulez me persuader de placer ma confiance seulement dans le Christ-Jésus, alors que je ne suis qu'au milieu du parcours.

Pistos
Mon cher Dzètôn, n'entretenez pas une image très simpliste de la prédication. La réflexion doit accompagner tous les instants de notre vie. Le message qui suscite la confiance en Christ, tout en s'adressant à l'esprit humain, sollicite toutes vos facultés intellectuelles. Quant à moi, je dois vous avouer que je n'ai aucun pouvoir persuasif. Je suis incapable de convaincre qui que ce soit dans ce domaine d'ordre spirituel. Seul l'Esprit éternel peut le faire et je Lui fais confiance. Je sais que tout ce qu'Il entreprend, Il l'achève. C'est pourquoi, si vous me le permettez, je vais poursuivre avec vous ce que je vous exposais quand vous m'avez interrompu concernant la Parole du Christ.

Dzètôn
Vous pouvez poursuivre. Je vous écoute avec plaisir, même si parfois je me sens un peu déstabilisé.

Pistos
Lorsque le Christ-Jésus parle du passage de mort à la vie, Il traite des réalités d'ordre spirituel. Il indique ce qui se passe sur le plan de l'esprit humain de la personne qui accepte sa Parole.

Il montre que l'Esprit du Christ, l'Esprit de vie, vient s'unir à l'esprit de la personne pour lui donner une vie qui l'unit à l'Éternel.

À l'instant où cette opération s'effectue, la personne connaît une sorte de passage de la mort à la vie, une sorte de résurrection d'ordre spirituel, une restauration de sa relation avec le Dieu Véritable. Voilà donc ce qui se produit quand il y a la foi véritable.

Dzètôn
Comment définissez-vous la Parole du Christ-Jésus qui donne ce que vous appelez la foi véritable ?

Remarques sur la Parole du Christ

Pistos
La Parole du Christ, la Parole qui donne la foi, celle qui libère de l'athéisme, ne se limite pas aux paroles prononcées directement par le Christ-Jésus pendant le temps de son incarnation. Elle englobe toute la Bible, c'est-à-dire, les livres de l'Ancien et ceux du Nouveau Testament.

En effet, tous les êtres humains au travers desquels l'Éternel a parlé, que nous appelons les prophètes, ont communiqué le seul message de la faveur divine qui nous était destinée. Ils l'ont fait par l'Esprit du Christ qui était en eux et qui attestait les souffrances de Christ et la gloire qui s'ensuivrait.[15]

C'est pourquoi le Christ-Jésus, après sa résurrection, a dit à ses disciples qu'il fallait que s'accomplisse tout ce qui était écrit de Lui dans la loi de Moïse, dans les prophètes et dans les Psaumes.[16] Car, ce sont des Écrits sacrés qui peuvent donner la sagesse en vue du salut par la foi en Christ-Jésus, parce que toute la Bible est inspirée de Dieu, elle est la Parole de Dieu.[17]

---

[15] 1Pierre 1.11
[16] Luc 24.44
[17] 2Timothée 3.14-17

Dzètôn

Je voudrais juste vérifier si ma compréhension est bonne. Sans nous écarter du sujet que vous êtes en train d'exposer, vous semblez dire que toute la Bible c'est la Parole du Christ-Jésus. Est-ce bien cela ?

Pistos

Le mystère de l'Éternel Dieu, le Père, le Fils et le Saint-Esprit est difficile à exposer dans la limite de nos échanges actuels. Mais ce que le Père ou le Saint-Esprit ont dit, c'est le Fils qui l'a dit, car les Trois sont Un. Le Fils est le seul moyen par lequel l'Éternel s'est clairement montré aux êtres humains. Nos facultés étant limitées dans la compréhension de ce qui relève de l'éternité, il fallait que ce qui de l'éternité s'approche de nous dans Emmanuel, Dieu avec nous. C'est l'une des raisons qui ont fait que le Fils de Dieu soit en même temps le Fils de l'homme. Même les grands personnages de l'Ancien Testament, comme Abraham, le père de la foi de beaucoup de peuples, ont tous compris que c'est par le Christ-Jésus que l'Éternel s'est adressé aux êtres humains. Et ils ont placé leur confiance en Lui.

Chapitre 4

L'idolâtrie et ses conséquences

Dzètôn

Même si vous ne m'avez pas encore convaincu que le meilleur choix est celui de faire confiance, comme vous, dans le Christ-Jésus, j'aimerais vous entendre parler de ce que vous appelez idolâtrie et de ses conséquences.

Pistos

D'une manière synthétique, je peux vous dire que l'idolâtrie se comprend dans le cadre de la relation entre l'Éternel Dieu le Créateur, d'une part, et les créatures humaines et les autres créatures d'autre part.

L'Éternel Dieu le Créateur

Pistos

Quand nous avons examiné la question de savoir qui est Dieu, je vous ai présenté le Père éternel révélé par son Fils éternel, le Christ-Jésus, la Parole vivante de Dieu, comme étant la Parole qui crée. En d'autres termes, le Dieu de la Bible, le Dieu vivant et vrai, s'est révélé comme le Créateur de tout ce qui existe, visible et invisible. Tout a été créé par Lui et pour Lui.

À ce propos, la Bible affirme qu'au commencement l'Éternel Dieu créa l'ensemble de l'univers, avec cette appréciation à chaque étape : "Dieu vit que cela était *bon*".[18] Et quand Il a créé l'homme à son image, "Dieu vit que cela était *bon à l'extrême*".[19]

---
[18] Genèse 1.4, 10, 12, 21, 25
[19] Genèse 1.26-31

L'analyse attentive du récit des origines montre que, dans la Bible, l'homme est présenté comme le couronnement de toute la création. Il représente Dieu sur la terre. Il est créé à la ressemblance de Dieu, à l'image de Dieu.

Mais, il convient de noter que *métaphysiquement*, un abîme infranchissable existe entre le Dieu éternel et l'ensemble de ce qui a eu un commencement par Lui. Dieu demeure éternellement *le Créateur* et le reste constitue *des créatures*. Ceci reste valable même pour l'homme dans le coeur duquel Dieu a mis la pensée de l'éternité[20]. L'homme ne peut jamais cesser d'être une créature.

Dzètôn
S'il en est ainsi, comment alors expliquer ce que vous avez dit, et qui constitue le titre de votre exposé, que Dieu a dit aux humains : "Vous êtes des dieux" ?

Pistos
Vous le comprendrez un peu plus tard, et je ne m'y déroberai pas. Il s'agit là d'un point crucial, à savoir comment les humains peuvent devenir des dieux alors qu'ils ne sont pas éternels, alors qu'ils ne sont que de simples créatures. Comme je vous l'ai dit, il vous faut un peu de patience. Pour l'instant, abordons la question de l'idolâtrie et de ses conséquences.

Les idoles et l'idolâtrie

Pistos
Dans la lettre que l'apôtre Paul a adressée aux Romains, il donne les éléments fondamentaux qui permettent de définir ce que sont les idoles. Il dit que "Dieu manifeste sa colère, du haut du ciel, aux hommes impies qui ne lui apportent pas l'honneur et leur respect qui lui sont dûs et qui, par leur perversité, étouffent la vérité et la retiennent captive de leur méchanceté.

---
[20] Ecclésiaste 3.11

"En effet, nul n'est dépourvu de la notion du vrai Dieu. Tous les hommes ont une connaissance innée de lui, lui–même l'ayant placée avec netteté dans leur coeur.

"Depuis la création du monde, les oeuvres de Dieu parlent à la pensée et à la conscience des hommes de ses perfections invisibles : quiconque sait regarder, peut y discerner clairement sa divinité et sa puissance. Aussi, depuis les temps anciens, les hommes qui ont sous les yeux la terre et le ciel et tout ce que Dieu a créé, ont connu son existence et son pouvoir éternel. Ils n'ont donc aucune excuse de dire qu'ils ne savent pas s'il y a un Dieu.

"Ils ont eu conscience de Dieu, ils ont su qu'il existait, mais ils ont refusé de l'adorer – lui, le seul digne d'adoration – ou même de le remercier pour ses dons. Alors, il se sont perdus dans des raisonnements insensés et des spéculations futiles ; à force de sonder le néant et de discuter dans le vide, leur pensée s'est égarée, leur intelligence s'est dégradée, leur esprit borné est devenu la proie des ténèbres.

Plus ils se prétendent intelligents ; plus ils s'enfoncent dans leur folie, cachant leur ignorance sous les grands mots de "science" ou de "philosophie". Au lieu d'adorer le Dieu impérissable et glorieux, ils se sont fabriqué des idoles, images d'hommes mortels, d'oiseaux, de quadrupèdes ou de reptiles : voilà l'objet de leur adoration.

"C'est pourquoi Dieu les a abandonnés à eux–mêmes pour être le jouet des passions et des convoitises de leur coeur, il les a laissé s'enliser dans l'immoralité, de sorte qu'ils ont avili leur propre corps. Cela leur est arrivé parce qu'ils ont délibérément troqué ce qu'ils savaient être la vérité sur Dieu contre le mensonge, ils ont choisi d'offrir leurs hommages et leur culte à des divinités de leur invention, ils ont servi la créature au lieu du Créateur, seul digne de louange et d'adoration dans toute l'éternité. Oui, cela est vrai".[21]

---

[21] Romains 1.18-25

De ce texte, on peut dire que les idoles sont d'abord à prendre pour ce qu'elles sont, c'est-à-dire des créatures. Ensuite, il faut les comprendre dans leur relation au Créateur. Notons que toutes les créatures ne sont pas forcement des idoles. Mais chaque fois que les créatures prennent la place du Créateur, pour Le représenter ou pour se faire adorer ou pour Le faire adorer, alors elles deviennent des idoles.

Voici ce que déclare le Dieu Créateur dans le livre d'Exode, le livre qui vient juste après celui de la Genèse. Il dit : "Je suis l'Éternel, ton Dieu ... Tu n'auras pas d'autres dieux devant ma face. Tu ne te feras pas de statue, ni de représentation quelconque de ce qui est en haut dans le ciel, de ce qui est en bas sur la terre, et de ce qui est dans les eaux plus bas que la terre. Tu ne te prosterneras pas devant elles, et tu ne leur rendras pas de culte ; car moi, l'Éternel, ton Dieu, je suis un Dieu jaloux"[22].

Dzètôn
Est-ce que tous ceux confessent avoir placé leur confiance totale dans le Christ-Jésus connaissent ces paroles ?

Pistos
Il semble évident que beaucoup de gens ignorent les paroles de l'Éternel citées dans Exode 20. D'autres les connaissent, mais les interprètent comme bon leur semble. D'autres encore ne jugent même pas nécessaire d'avoir la connaissance de l'Éternel Dieu. Ainsi, beaucoup d'humains continuent à offenser leur Créateur en prenant les créatures pour leur Dieu.[23]

---

[22] Exode 20.2-5
[23] Cf. Jérémie 10.1-16

Les conséquences de l'idolâtrie

Pistos

Face à ce drame spirituel où les hommes ne glorifient pas le Dieu Créateur comme Dieu, où ils remplacent la vérité de ce Dieu par le mensonge et où ils adorent et servent la créature au lieu du Créateur, Dieu livre les êtres humains à l'impureté, selon les convoitises de leurs coeurs, en sorte qu'ils déshonorent eux-mêmes leurs propres corps ; Dieu les livre à des passions déshonorantes et à une mentalité réprouvée pour commettre des actes contre nature et d'autres choses indignes.[24]

Voilà l'aboutissement spirituel et moral de tout rejet volontaire ou tacite du Dieu Créateur.

Dans le domaine du rapport au monde invisible, beaucoup ne savent pas que l'idolâtrie introduit les humains dans une communion avec les esprits en rébellion contre l'Éternel. Pour illustrer ce que je viens de dire, je prends l'exemple que l'apôtre Paul a utilisé dans sa lettre aux Corinthiens où il leur dit : "Voyez les Israélites selon la chair : ceux qui mangent les victimes ne sont-ils pas en communion avec l'autel ? Que dis-je donc ? Que la viande sacrifiée aux idoles est quelque chose ? ou qu'une idole est quelque chose ? (Nullement).

Mais ce qu'on sacrifie, on le sacrifie à des démons et non à Dieu ; or je ne veux pas que vous soyez en communion avec les démons. Vous ne pouvez boire la coupe du Seigneur et la coupe des démons; vous ne pouvez avoir part à la table du Seigneur et à la table des démons. Voulons-nous provoquer la jalousie du Seigneur ?"[25]

Dzètôn

D'où viendrait, selon votre compréhension, ce comportement que la Bible qualifie d'idolâtre ?

---
[24] Romains 1.24-32
[25] 1Corinthiens 10.19-22

Pistos

Ce que je voudrais que vous sachiez, mon cher Dzètôn, c'est que l'idolâtrie est une entreprise expressément dirigée par le diable lui-même. Son but est non seulement de vouloir mépriser le Créateur, mais aussi d'avoir les hommes sous son pouvoir, avec des esprits séducteurs et des esprits de domination. Il le fait parfois au travers des théories pseudo-scientifiques et des courants de pensées. Il sait que tous ceux qui acceptent son marché deviennent sa proie. Et beaucoup d'hommes sont, dans toute l'histoire de l'humanité, sous l'emprise idolâtre.

Savez-vous que le diable a même eu l'audace de demander au Christ-Jésus, le Créateur, de l'adorer lui qui n'est qu'une créature ? Mais le Christ-Jésus qui connaissait ce qu'Il est, l'a repoussé avec l'autorité de la Parole de l'Éternel en lui disant : "Retire-toi Satan ! Car il est écrit : Tu adoreras le Seigneur, ton Dieu, et à Lui seul tu rendras un culte".[26]

Dans cette réponse du Christ-Jésus, tous les amis de la sagesse trouveront le seul moyen que l'Éternel Dieu ait donné aux humains pour éviter de tomber dans l'idolâtrie, à savoir rendre le culte au seul vrai Dieu.

---
[26] Matthieu 4.8-10

Chapitre 5

La destinée finale de l'être humain

Dzètôn

Est-ce maintenant que vous allez me dévoiler plus clairement votre secret concernant l'Éternel Dieu qui adresse sa Parole aux êtres humains en leur disant : "Vous êtes des dieux" ?

Pistos

Mon schéma de l'explication n'est pas toujours facile. J'espère que j'arriverai à me faire comprendre. Mais je compte plus sur un éclairage qui ne viendra pas que de moi. Je vous propose donc de commencer par le commencement.

Les êtres humains sont semblables à Dieu déjà à la création

Pistos

Je vous ai déjà dit que l'Éternel Dieu a créé l'être humain à son image, selon la ressemblance divine. Dieu ne l'a pas comparé aux autres créatures, comme aux puces, aux choux ou aux lapins, comme beaucoup le disent aux enfants pensant qu'il s'agit des termes affectueux. En réalité, ces termes sont plutôt dégradants, méprisants, car l'homme est créé à l'image de l'Éternel. De ce fait, il est différent des insectes, des plantes et des animaux.

L'image du Dieu éternel en l'homme se caractérise principalement par les trois dimensions suivantes : D'une part, Dieu a mis dans l'être humain la pensée de l'éternité, même si l'homme n'est pas en mesure de saisir l'oeuvre de Dieu du commencement à la fin.[27]

---
[27] Ecclésiaste 3.11

D'autre part, l'Éternel Dieu a aussi donné à l'être humain un sens moral. L'homme sait ce qui est bien et ce qui est mal. Et quand il agit mal, il le sait, ses raisonnements l'accusent et le défendent tour à tour[28].

Enfin, le Dieu Créateur a doté l'être humain d'un esprit capable de s'unir à l'Esprit du Christ-Jésus pour faire un avec lui.[29] C'est pourquoi, après la création de l'homme et de la femme, l'Éternel Dieu a vu que cela était bon à l'extrême.[30] En dehors de l'être humain, aucune autre créature n'a ces trois dimensions. C'est le sceau de la ressemblance divine.

Dzètôn
Quand vous parlez de l'esprit, vous semblez le distinguer de l'âme. Cela jette un trouble dans ma pensée, car selon certains anthropologues bibliques, l'être humain est composé de deux dimensions, à savoir le corps et l'âme ou si vous voulez, l'être extérieur et l'être intérieur.

Pistos
Essayons de résumer la réponse à votre question en disant que toutes les créatures ont un corps et ce qui anime ce corps. Cette deuxième dimension appelée âme est aussi appelée vie. En ce qui concerne l'être humain, le Créateur lui a donné une troisième dimension, l'esprit, qui lui permet d'entrer en communion avec Lui, Dieu, qui est Esprit. Nous pouvons donc comprendre que depuis la création, l'être humain est fait pour l'union ou la communion avec l'Éternel Dieu, son Créateur.

---

[28] Romains 2.14-15
[29] 1Corinthiens 6.17
[30] Genèse 1.31

Les hommes sont semblables à Dieu malgré la chute

Dzètôn

Certains théologiens ont soutenu la thèse selon laquelle, après la chute, c'est-à-dire après que les êtres humains ont désobéi à Dieu le Créateur en voulant décider par eux-mêmes ce qui est bien et ce qui est mal, l'homme n'est plus à l'image de Dieu. Qu'en dites-vous ?

Pistos

Cette thèse n'est pas valable ; car si les choses avaient été comme ces théologiens les prétendent, comment comprendre que plusieurs années plus tard, après la chute d'Adam et d'Ève, l'Éternel puisse donner cet ordre à Noé, après la sortie de l'arche disant : "Si quelqu'un verse le sang de l'homme, par l'homme son sang sera versé; car Dieu a fait l'homme à son image"[31] ? Comment comprendre aussi les paroles que nous trouvons dans la lettre de Jacques, des milliers d'années après la chute, quand l'Écriture interdit d'insulter l'être humain parce qu'il est créé à l'image de Dieu[32] ?

Entre ces deux références, nous trouvons le roi David, qui, s'adressant à Dieu a dit : "C'est toi qui as formé mes reins, qui m'as tenu caché dans le sein de ma mère. Je te célèbre ; car je suis une créature merveilleuse. Tes oeuvres sont des merveilles, et mon âme les reconnaît bien. Mon corps n'était pas caché devant toi, lorsque j'ai été fait en secret, tissé dans les profondeurs de la terre. Quand je n'étais qu'une masse informe, tes yeux me voyaient ; et sur ton livre étaient inscrits les jours qui étaient fixés, avant qu'aucun d'eux (existe)"[33]

De ce que vous venez d'entendre, vous comprendrez que, selon la Bible, le Dieu éternel ne s'est pas arrêté après avoir créé les premiers hommes, Adam et Ève. Il a continué à créer tous êtres humains à son image, et ceci malgré leur désobéissance et

---
[31] Genèse 9.6
[32] Jacques 3.9-10
[33] Psaume 139.13-16

leur indifférence. En effet, le Père travaille jusqu'à présent, le Fils aussi. Pour dire les choses autrement, nous sommes tous, vous et moi, des créatures à l'image de Dieu, notre Créateur. Ce qui inspire le respect de l'être humain.

Ceci peut expliquer, en partie, le fait que le Christ-Jésus, Emmanuel, Dieu parmi les hommes, la Parole faite chair, n'a pas eu honte de partager le sort des êtres humains jusqu'à les appeler ses frères.[34]

Les hommes sont semblables à Dieu dans la Rédemption
Pistos
Le Dieu Créateur aurait pu abandonner les hommes dans leur révolte contre Lui, dans leur désobéissance par rapport à sa volonté, dans leur refus de l'Éternel et de sa révélation. Mais Il est revenu, par son Fils éternel, planter sa tente parmi les êtres humains en vue de leur salut, en vue du rétablissement de la relation de communion avec Lui.

Cette oeuvre de la Rédemption est considérée comme une véritable nouvelle création. En effet, la Bible dit que nous qui avons accepté le Seigneur Jésus-Christ comme notre Sauveur personnel, nous sommes devenus l'ouvrage de Dieu, créés en Christ-Jésus pour les oeuvres bonnes qu'Il a préparées d'avance pour que nous les pratiquions.[35] Dieu, dans cette nouvelle création, pardonne et oublie toutes les choses anciennes pour ouvrir des pages nouvelles en Christ-Jésus.[36] Cette opération se produit par la grâce du Père éternel, par le moyen de la foi, avec l'intervention du Saint-Esprit.

Le but ultime du Dieu le Père dans de la nouvelle création est de nous rendre semblables à l'image de son Fils, afin que le Christ-Jésus soit l'aîné d'un grand

---

[34] Hébreux 2.11-15
[35] Éphésiens 2.8-10
[36] 2Corinthiens 5.17

nombre de frères.[37] Or, comme le dit la Bible, le Fils, c'est-à-dire le Christ-Jésus, est l'image du Dieu invisible.[38]

Ainsi donc, partant de ce que je viens de vous dire, il devient compréhensible que le projet de Dieu est de nous rendre semblables à Lui-même dans le salut qu'Il nous offre en son Fils Jésus-Christ.

Les hommes sont membres de la famille de Dieu

La Bible déclare que les hommes et les femmes qui acceptent Jésus-Christ, la Parole de Dieu faite chair, comme le seul moyen par lequel Dieu pardonne les péchés, reçoivent du Père éternel le pouvoir de devenir enfants de Dieu. Sur le plan spirituel, ils naissent, non du sang ni de la volonté de l'homme, mais de la volonté de Dieu.[39] Ils ne sont plus des étrangers ni des gens de passage; mais des concitoyens des saints, membres de la famille de Dieu.[40] Ils sont prédestinés à être semblables au Seigneur Jésus ; et ce dernier devient pour eux l'aîné d'une grande famille.[41] Ils deviennent ainsi héritiers du Père éternel et cohéritier du Christ-Jésus son Fils éternel. Tout cela est attesté dans leur esprit par l'Esprit de Dieu.[42] Car celui qui s'attache à Dieu est avec Lui un même esprit.[43] Il devient le confident du Dieu véritable. Il peut connaître même la pensée de l'Éternel.[44]

Face à cette nouvelle identité, Jean s'exclame disant : "Voyez, quel amour le Père nous a donné, puisque nous sommes appelés enfants de Dieu! Et nous le sommes" nous qui croyons en son Fils Jésus-Christ. La Bible nous rassure que "nous sommes maintenant enfants de Dieu, et ce que nous serons n'a pas encore été manifesté; mais

---

[37] Romains 8.29
[38] Colossiens 1.15
[39] Jean 1.12-13
[40] Ephésiens 2.19
[41] Romains 8.29
[42] Romains 8.17
[43] 1Corinthiens 6.17
[44] 1Corinthiens 2.9-16

nous savons que lorsqu'il sera manifesté, nous serons semblables à Lui, parce que nous Le verrons tel qu'Il est. Et quiconque a cette espérance en Lui se purifie, comme Lui (le Seigneur) est pur".[45]

Ici déjà, nous pouvons voir clairement ce que Dieu le Père attend de tous ses enfants : Puisque Lui qui les a appelés est Saint, Il veut que tous soient saints comme Lui.[46] Comme ils sont devenus participants de la nature divine[47], l'Éternel veut les voir marcher d'une manière digne de la vocation qu'Il leur a adressée en Christ-Jésus.[48] Il veut qu'ils soient comme des dieux dans ce monde.[49]

Les hommes sont des enfants de Dieu par adoption

L'adoption dans la famille de Dieu n'est pas comme un acte juridique. Elle consiste dans la réception de l'Esprit Saint, l'Esprit du Christ, quand on accepte Dieu le Père éternel manifesté en Christ-Jésus. Cet Esprit est appelé aussi l'Esprit d'adoption. C'est Lui qui rend les êtres humains capables d'appeler Dieu papa, notre Père.[50]

Et en entrant dans la famille du Père éternel, on trouve le Fils unique qui devient l'aîné d'un grand nombre de frères.[51] Ainsi tous ceux qui entrent dans la famille de Dieu deviennent héritiers de Dieu et cohéritiers de Christ-Jésus, grâce à Dieu.[52]

Notons que quand le Christ-Jésus présentait son identité à ses interlocuteurs, Il a appelé l'Éternel Dieu son Père et Il a déclaré qu'Il est un avec Lui. Ceux qui l'écoutaient ont vite compris qu'Il parlait de sa divinité.[53] C'est pour cette raison ils ont voulu Le lapider. Or, nous venons de voir que quand les hommes acceptent la Parole

---
[45] 1Jean 3.1-3
[46] 1Pierre 1.14-16.
[47] 2Pierre 1.4
[48] Colossiens 1.10
[49] 1Jean 4.17
[50] Romains 8.15
[51] Romains 8.29
[52] Galates 4.7 ; Romains 8.17
[53] Jean 10.23-39

de l'Éternel, ils deviennent les enfants de Dieu. Et en plus, ils deviennent un avec Lui par son Esprit. Le Père et le Fils viennent vivre en eux, par l'Esprit. Les fidèles deviennent l'habitation de Dieu, la demeure du Très-Haut.

Ainsi donc, il existe comme une relation spirituelle réciproque entre le Père éternel et les hommes qui croient en Lui. Il n'y a pas que Dieu qui vient demeurer dans les personnes qui ont la foi en Christ-Jésus, mais ces personnes doivent aussi demeurer en Dieu. L'Éternel Dieu est leur maison, leur refuge, leur forteresse. Leur vie est cachée avec celle de Jésus-Christ en Dieu.[54] Il s'agit d'une sorte de d'inter-cohabitation, d'unité avec la divinité : L'Éternel dans l'humain et l'humain dans l'Éternel.

Les hommes sont enfants de Dieu par la nature de Dieu

Quand une personne accepte le Père éternel manifesté en Jésus-Christ, cette personne devient une nouvelle création. Les choses anciennes sont passées. La Bible dit que toutes choses sont devenues nouvelles.[55] Ainsi la vieille nature de cette personne est crucifiée avec le Christ-Jésus pour que la personne ne puisse plus continuer à être sous l'emprise du mal. Son corps du péché est réduit à l'impuissance.[56]

Par la présence de l'Esprit Saint dans la personne, cette dernière devient participante de la nature divine.[57] Et la preuve que la nature de Dieu se trouve désormais dans l'homme, c'est le fruit de l'Esprit, car le Christ-Jésus a dit qu'on reconnaît l'arbre par ses fruits.

---

[54] Colossiens 3.1-
[55] 2Corinthiens 5.17
[56] Romains 6.6
[57] 2Pierre 1.4

Comme toute la Tri-Unité habite en la personne qui a la foi en Christ-Jésus, Paul prie que tous ceux qui ont connu l'amour de Dieu soient remplis jusqu'à toute la plénitude de Dieu.[58] Il indique, par ailleurs, que les différents ministères que le Christ-Jésus glorifié a donnés à son Église participent à la formation des fidèles jusqu'à ce que ceux-ci parviennent à l'unité de la foi et de la connaissance du Fils de Dieu, à l'état d'homme fait, à la mesure de la stature parfaite du Christ.[59] Or en Christ-Jésus habite corporellement toute la plénitude de la divinité.[60]

---

[58] Ephésiens 3.19
[59] Ephésiens 4.13
[60] Colossiens 2.9

Fin de propos

La synthèse finale et le pari

Pistos

Cher Dzètôn,

Nous sommes presque au terme de tous nos échanges. En principe, vous devriez savoir qui vous êtes par rapport à la pensée biblique que vous connaissez très clairement maintenant.

Si vous êtes croyant en Christ-Jésus sans répondre à la vocation de l'Éternel, celle de la sanctification sans laquelle personne ne verra Dieu, posez-vous la question de savoir si vous avez vraiment la foi ou si vous avez tout simplement adhéré à un enseignement qu'on vous a transmis. Car, savez-vous, vous ne pouvez pas être "chrétien-non-pratiquant". La vraie vie en Christ-Jésus ne peut laisser personne sans engagement, sans amour actif pour Celui qui est mort et ressuscité pour lui.

Par ailleurs, si vous ne croyez en rien du tout ou si vous êtes croyant sans le Christ-Jésus, je vous propose de faire un pari personnel et dire sincèrement : "Si l'Éternel Dieu, le Créateur incréé existe, s'Il ne s'est réellement manifesté qu'en Christ-Jésus, la Parole éternelle, si aujourd'hui encore Il continue à adresser sa Parole aux humains, qu'Il se révèle à mon esprit par son Esprit, afin que je sache qui Il est et qui je suis. Je veux en avoir la certitude et que mon esprit s'unisse à l'Esprit du Christ-Jésus pour ne faire qu'un avec Lui, pour l'éternité."

Dzètôn

Être un avec l'Esprit du Dieu l'Éternel ? Cela n'équivaudrait-il pas à se considérer comme si l'on était Dieu ? N'y aurait-il pas là un certain glissement vers la théologie mystique de l'Église d'Orient ? Si je peux me permettre de dire les choses autrement, voulez-vous me faire croire que la Bible enseigne la déification de l'être humain ?

Pistos

Le point central commun entre ma présentation et cette théologie se trouve dans l'unité de l'esprit de l'être humain avec l'Esprit du Christ-Jésus. Mais, je me démarque totalement de la conception de la déification selon la théologie mystique de l'Église d'Orient en soulignant d'abord deux choses : D'une part, j'affirme que l'Éternel Dieu, le Créateur, reste le seul vrai Dieu manifesté en Christ-Jésus, avec l'éclairage de son Esprit Saint. Il est Un en trois Personnes, Père, Fils et Saint-Esprit. Et d'autre part, j'atteste que l'être humain qui peut s'unir à l'Esprit du Christ-Jésus reste éternellement une créature. Autrement dit, l'être humain ne peut jamais devenir dieu comme l'Éternel. Toute tentative de vouloir franchir la limite entre le Créateur et la créature conduit à l'idolâtrie.

Mais, le point crucial de ma démarcation d'avec la théologie mystique de l'Église d'Orient se situe au niveau de sa conception et de la manière d'atteindre la déification. Dans son livre, *Essai sur la théologie mystique de l'Église d'Orient*, Vladimir Lossky affirme qu'Adam n'a pas accompli sa vocation. Il n'a pas su atteindre l'union avec Dieu et la déification du monde créé.[61] "La déification, l'union avec Dieu par la grâce deviendra impossible. Mais le plan divin ne sera point aboli par la faute de l'homme : la vocation du premier Adam sera remplie par le Christ, second Adam. Dieu se fera homme pour que l'homme puisse devenir dieu [...] Fascinés par la *felix culpa*, on oublie souvent qu'en détruisant la domination du péché le Sauveur nous ouvrait de nouveau la voie de la déification qui est la fin dernière de l'homme".[62]

Les moyens que la mystique orientale préconise pour l'union avec Dieu, qu'elle appelle la déification, se trouveraient dans l'Église, dont le point de départ serait le baptême. Ce dernier serait le moyen par lequel les humains entreraient dans la vie éternelle.[63] Ce serait donc "dans l'Église, par les sacrements, que notre nature entrerait

---

[61] Vladimir LOSSKY, *Essai sur la théologie mystique de l'Église d'Orient*, Paris : Cerf, 2006, p.128.
[62] Idem, p. 129.
[63] Idem, p. 176.

en union avec la nature divine dans l'hypostase du Fils, Chef du corps mystique."[64] Vladimir Lossky recourt à Saint Isaac le Syrien qui distingue trois étapes dans la voie de l'union. Il parle de la pénitence, de la purification et de la perfection, c'est-à-dire – le changement de la volonté, la libération des passions et l'acquisition de l'amour parfait qui est la plénitude de la grâce. Cette union avec Dieu, poursuit Vladimir Lossky, ne peut se réaliser en dehors de la prière, car la prière est un rapport personnel de l'homme avec Dieu. L'homme doit arriver à "l'oraison pure", où il ne demande plus rien à Dieu, sinon de conformer sa volonté à celle Dieu.[65]

Dzètôn
Cette discipline humaine est-elle à la portée de tous les fidèles ou il n'y a que des moines qui y arrivent ?

Pistos
L'union avec Dieu s'opère une fois pour toutes, non pas le jour du baptême, mais le jour où n'importe quel humain accepte le Christ-Jésus comme son Sauveur et son Seigneur personnel. Tout commence par Dieu qui adresse sa Parole à l'homme et lui confère la capacité de la recevoir. À ce moment précis, l'Éternel Dieu donne à l'homme le pouvoir de devenir enfant de Dieu, en lui donnant l'Esprit du Christ-Jésus, l'Esprit d'adoption, qui lui permet d'appeler Dieu papa. L'initiative ne vient donc pas de l'homme, mais de Dieu. C'est Dieu qui appelle dieux les hommes auxquels sa Parole est adressée.

En d'autres termes, aucune pratique religieuse ne peut transformer qui que ce soit. Au moment précis où les êtres humains reçoivent le Christ-Jésus, la Parole de Dieu incarnée parmi les hommes, à ce moment bien précis, Dieu ne les appellent pas seulement ses enfants, mais ils sont devenus réellement enfants de Dieu. Ils ne sont pas seulement adoptés comme par formalité juridique, mais ils participent à la vraie

---
[64] Idem, p. 178.
[65] Idem, pp. 200-2004.

nature divine, par l'Esprit du Christ-Jésus qu'ils reçoivent de Dieu. Le but ultime du Dieu le Père est qu'ils soient semblables à Jésus-Christ.

Dzètôn

Certains théologiens défendent que Jésus-Christ, que vous vous accordez à appeler Dieu, ne s'est jamais présenté Lui-même comme Dieu. Il a tout simplement dit qu'Il était le Fils de Dieu. D'où vient alors ce que vous affirmez selon lequel ceux qui placent leur confiance totale en Lui sont déclarés dieux par Dieu ?

Pistos

La déclaration de ces théologiens ne me surprend pas outre mesure. Je sais que certains enseignements ont érigé des barrières qui empêchent ceux qui prétendent avoir la clé du savoir d'accéder à la vraie connaissance. Cela a été le cas pour certains docteurs de la Loi du temps du Christ-Jésus.

Quand nous retournons à l'argumentation que nous avons évoquée au début de nos premiers échanges, nous constatons que les auditeurs du Christ-Jésus, eux, ont compris qu'Il s'est présenté comme Dieu, lorsqu'Il dit "le Père et moi, nous sommes Un". C'est la raison pour laquelle ils ont voulu le tuer à coups de pierres.

Et d'après ce texte fondamental, le Christ-Jésus ajoute un autre élément, à la suite de son unité avec le Père. Il dit que ses adversaires veulent le mettre à mort parce qu'Il dit qu'Il est le Fils de Dieu. D'après notre analyse, ceci montre que tous ses négateurs avaient compris qu'en se présentant ainsi, Il se déclarait Dieu. C'est pour cette raison qu'ils Le condamnaient pour blasphème. Or, dans ce même texte, le Christ-Jésus éclaire ceux qui l'écoutaient en leur disant que Dieu a appelé "fils du Très-Haut" les hommes auxquels Dieu avait adressé sa Parole. Il les a même appelés "dieux". Et cette Parole ne peut être révoquée.

En termes plus clairs, le Christ-Jésus, la Parole vivante de Dieu, non seulement se présente comme le Fils de Dieu, c'est-à-dire Dieu, mais déclare que tous ceux auxquels la Parole de Dieu est adressée sont appelés dieux par Dieu. Il n'y a que ces théologiens qui ne le comprennent pas, ou qui ont peur d'avouer cette Parole irrévocable, peut-être par peur de commettre un sacrilège, ou par peur de marcher d'une manière digne de cette vocation divine, ou pour des raisons que je n'arrive pas à cerner.

Dzètôn
Est-ce valable d'étayer votre argumentation sur un seul texte pour démontrer que le Christ-Jésus s'est présenté Lui-même comme Dieu ?

Pistos
Un seul texte peut, dans certains cas, faire autorité. En ce qui concerne le Christ-Jésus, nous avons beaucoup d'autres textes qui Le présentent en tant que Dieu, dans une vue globale de la Bible. Nous pouvons même avoir une conscience tranquille sur cette question. Nous avons certainement une analogie de la foi.

Et, en ce qui touche à sa propre présentation, nous pourrions évoquer un seul passage biblique où Il parle comme l'Éternel s'est révélé à Moïse. Dans Jean 8.58, le Christ-Jésus dit : " En vérité, en vérité, je vous le dis, avant qu'Abraham fût, *je suis*."

Pour mieux comprendre cette auto-présentation, je vous propose de vous lire le passage d'Exode 3.14-15 où l'Éternel Dieu dit : " Je suis celui qui suis. Et il ajouta : C'est ainsi que tu répondras aux enfants d'Israël: Celui qui s'appelle "*je suis*" m'a envoyé vers vous. Dieu dit encore à Moïse: Tu parleras ainsi aux enfants d'Israël : L'Éternel, le Dieu de vos pères, le Dieu d'Abraham, le Dieu d'Isaac et le Dieu de Jacob, m'envoie vers vous. Voilà mon nom pour l'éternité, voilà mon nom de génération en génération."

Point n'est besoin de multiplier les exemples ou les citations. La preuve qu'Il s'est présenté comme étant l'Éternel Dieu se trouve non seulement dans la formulation de sa phrase, mais aussi dans la réaction de ceux qui l'écoutaient. Ils ont tous pris les pierres pour Le lapider, considérant qu'Il a blasphémé.[66]

Dzètôn

Que le Christ-Jésus se soit présenté ainsi, cela est acceptable pour vous qui croyez en Lui. Mais, n'est-ce pas une nouvelle hérésie que de vous dire que "vous êtes des dieux" ?

Pistos

Ce n'est pas nous qui nous disons que nous sommes des dieux. Loin de nous cette pensée. C'est l'Éternel Dieu, manifesté en Christ-Jésus, qui nous a souverainement adressé sa Parole et nous a unilatéralement déclarés : "vous êtes des dieux", et cela est plus que la loi des Mèdes et des Perses.

Par l'amour que Dieu le Père nous a témoigné, nous sommes appelés enfants de Dieu. Et ce n'est pas une simple appellation, nous le sommes.[67] Notre esprit est un avec l'Esprit du Christ-Jésus.[68] Nous sommes devenus participants de la nature divine, en Christ-Jésus. Car en lui habite corporellement toute la plénitude de la divinité. Et nous, nous avons tout pleinement en Lui.[69] Nous sommes un en Dieu, et Dieu est Un en nous selon la prière du Christ-Jésus.[70] Nous sommes appelés à être remplis jusqu'à toute la plénitude divine, en Christ-Jésus.[71] Avec cette compréhension, nous ne pouvons plus nous comporter comme lorsque nous étions dans l'ignorance. Car, comme Celui qui nous a appelés est saint, nous aussi nous devrions répondre à la vocation divine.[72]

---

[66] Jean 8.58-59.
[67] 1Jean 3.1.
[68] 1Corinthiens 6.17.
[69] Colossiens 2.9-10.
[70] Jean 17.20-23.
[71] Colossiens 3.19.
[72] 1Pierre 1.14-16.

Dzètôn

Votre message est devenu de plus en plus clair pour moi. J'espère que cela le sera aussi pour les autres.

Pistos

Comprendre est une chose. Être selon ce que l'on a compris en est une autre. D'après votre langage, moi aussi je semble comprendre que vous n'êtes pas encore un avec moi. C'est pourquoi je voudrais reprendre ce que je vous ai suggéré quand j'ai cru que vous aviez tout compris.

Je vous propose de faire un pari personnel et dire sincèrement : "Si l'Éternel Dieu, le Créateur incréé existe, s'Il ne s'est réellement manifesté qu'en Christ-Jésus, la Parole éternelle, si aujourd'hui encore Il continue à adresser sa Parole aux humains, qu'Il se révèle à mon esprit par son Esprit, afin que je sache qui Il est et qui je suis. Je veux en avoir la certitude et que mon esprit s'unisse à son Esprit pour ne faire qu'un avec Lui, pour l'éternité."

Ainsi se termine nos échanges. Comme vous pouvez le constater, je ne vous ai rien dissimulé. À vous donc de prendre vos responsabilités. Cela va de votre identité spirituelle, et c'est pour l'éternité.

Bibliographie

1. LALANDE, André *Vocabulaire technique et critique de la philosophie*, Paris : Presses Universitaires de France, 1980, 1324 pages.
2. COMTE-SPONVILLE, André *Présentations de la philosophie*, Paris : Albin Michel, 2000, 224 pages.
3. KITWA, Billy *Sagesse Dieu Liberté*, Critique de la philosophie existentialiste de Jean-Paul Sartre, Paris: Billy Kitwa, 2008, 60 pages.
4. LOSSKY, Vladimir *Essai sur la théologie mystique de l'Église d'Orient*, Paris : Cerf, 2006, 266 pages.
5. THOMPSON, Frank Charles *La Bible Thompson*, avec chaine de références, Version Louis Segond révisée dite à la Colombe, Miami: Éditions Vida, 1990, 2046 pages.

Table des Matières

Préface..3
Début de propos..5
    Échanges entre Pistos et Dzètôn...5

Chapitre 1
Le contexte du discours indirect...9

Chapitre 2
Qui est Dieu ?..13
Les réponses d'après les différents concepts..13
Préliminaires à la réponse du Livre des livres......................................16
Le résumé de la réponse biblique...18

Chapitre 3
L'athéisme et son antidote..21
    L'athéisme selon différents grands penseurs...................................22
    L'athéisme selon la Bible..23
    L'antidote de l'athéisme...24
    Remarques sur la Parole du Christ...26

Chapitre 4
L'idolâtrie et ses conséquences..29
    L'Éternel Dieu le Créateur...29
    Les idoles et l'idolâtrie..30
    Les conséquences de l'idolâtrie..33

Chapitre 5
La destinée finale de l'être humain...35
    Les êtres humains sont semblables à Dieu déjà à la création..........35
    Les hommes sont semblables à Dieu malgré la chute.....................37
    Les hommes sont semblables à Dieu dans la Rédemption..............38
    Les hommes sont membres de la famille de Dieu...........................39
    Les hommes sont des enfants de Dieu par adoption.......................40
    Les hommes sont enfants de Dieu par la nature de Dieu.................41

Fin de propos
    La synthèse finale et le pari..43

Bibliographie..51

Oui, je veux morebooks!

i want morebooks!

Buy your books fast and straightforward online - at one of world's fastest growing online book stores! Environmentally sound due to Print-on-Demand technologies.

Buy your books online at
www.get-morebooks.com

Achetez vos livres en ligne, vite et bien, sur l'une des librairies en ligne les plus performantes au monde!
En protégeant nos ressources et notre environnement grâce à l'impression à la demande.

La librairie en ligne pour acheter plus vite
www.morebooks.fr

VDM Verlagsservicegesellschaft mbH
Heinrich-Böcking-Str. 6-8
D - 66121 Saarbrücken

Telefon: +49 681 3720 174
Telefax: +49 681 3720 1749

info@vdm-vsg.de
www.vdm-vsg.de

www.ingramcontent.com/pod-product-compliance
Lightning Source LLC
Chambersburg PA
CBHW031206160426
43193CB00008B/522